AF274757

UN PEDACITO
DE TODO AQUELLO
QUE SOY

ExLibric

AITANA NIEVES GARCÍA

UN PEDACITO
DE TODO AQUELLO
QUE SOY

EXLIBRIC

ANTEQUERA 2024

UN PEDACITO DE TODO AQUELLO QUE SOY
© Aitana Nieves García
Diseño de portada: Dpto. de Diseño Gráfico Exlibric

Iª edición

© ExLibric, 2024.

Editado por: ExLibric
c/ Cueva de Viera, 2, Local 3
Centro Negocios CADI
29200 Antequera (Málaga)
Teléfono: 952 70 60 04
Fax: 952 84 55 03
Correo electrónico: exlibric@exlibric.com
Internet: www.exlibric.com

ISBN: 978-84-10297-84-5
Depósito Legal: MA 2476-2024

Impresión: PODiPrint
Impreso en Andalucía – España

Nota de la editorial: ExLibric pertenece a Innovación y Cualificación S. L.

AITANA NIEVES GARCÍA

UN PEDACITO
DE TODO AQUELLO
QUE SOY

Índice

Agradecimientos

Agradecimientos, en primer lugar, a todos y cada uno de aquellos que me han inspirado, de una manera o de otra, a redactar y, por supuesto, terminar este libro. Sin vuestra inspiración nada habría sido posible.

En segundo lugar, por supuesto, a mis padres y mi hermano, que seguramente ni sabían que este libro saldría a la luz hasta que finalmente lo tengan en sus manos.

A todos aquellos que, de una manera o de otra, me definieron como escritora mucho antes de finalmente llegar a serlo, por haberme iluminado con mensajes como «eres mi escritora/autora favorita».

A cada una de las canciones que me empujaron a expresar todo aquello que sentía de la mejor manera que sé, escribiendo, aunque muchas veces algunos textos se escribieron para desecharse por estar hechos un verdadero lío.

A mi empujón final, mi compañero, mi amigo, mi confidente y comúnmente conocido como mi novio, que me ha animado durante todo momento a darle a conocer al mundo aquello que tanto me ha ayudado y, de alguna manera, intentar ayudar a otras personas, sirviéndoles de apoyo con mis letras.

A mis abuelitos, tíos, primos y demás miembros de mi familia, estén o no con nosotros hoy en día. Han formado parte de cada pensamiento que se sumó para crear este libro que hoy tenéis en vuestras manos.

A cada uno de mis amigos, que se han alegrado siempre por todo lo que he logrado y me han apoyado cuando, por el contrario, no pude conseguirlo.

Y por dejar para el final el agradecimiento más especial, aunque desgraciadamente no podrá verlo, a aquella persona tan importante para todos, tan especial para mí, el Jorge Potter de su Hermione Nieves. Estas líneas (y alguna más) son para ti, primo. Te quiero, te quise y te querré siempre.

TE RECUERDO

Me acuerdo de ti, en todas tus formas. Te recuerdo feliz, como siempre, radiante, infinito, con ganas de comerte el mundo. Pero también te recuerdo con tus sombras, bajo tus tristezas, inseguridades y miedos. El caso es que te recuerdo.

Joder, te juro que me acuerdo de ti a diario. La mayoría de las veces, para bien; otras, intentando convencerme de que hice lo correcto. Recuerdo lo malo, vagamente, porque apenas lo había.

Me acuerdo del brillo de tus ojos al verme, y de cómo me reflejaba en ellos cuando nos comíamos con la mirada.

No me olvido, claro que no. ¿Cómo voy a olvidarme?

Y me castigo, porque ahora, en lugar de simplemente verte, me toca recordarte, imaginarte y sentirte.

Porque no estás.

UN DÍA MÁS

Un día más te recuerdo. Un día más que te añoro. Un día más que pienso en los momentos que pasamos. Un día más arrepintiéndome de haberla cagado tanto contigo.

Y siguen sumando días. Días negros, tristes; días que pasan lento; días en los que no estás, ni estarás por más que te busque entre la gente. Porque te he perdido y, lo peor, te he perdido por mi culpa.

Y sé que ahora ya no va a ser nada como antes. Sé que por mucho que intentes arreglar lo que se ha roto siempre quedan grietas. Y lo mismo contigo. Después de todo, sé que me quieres y que quieres estar conmigo a pesar de lo que hice. Pero no puede ser. Porque no estaría cómoda, porque yo no te perdonaría este daño, porque sé lo que se siente.

Es por eso por lo que no pienso volver, porque te quiero, porque eres la persona que más daño puede hacerme y, a la vez, la única capaz de reconstruirme.

Siento haber sido un error. Siento haberte arreglado para romperte luego.

Y si solo fuera eso, pero es que no solo los días. Lo peor son las noches, noches donde te recuerdo, te lloro, te pienso, te veo, te siento y me odio.

Odio que se exagera cuando veo nuestras fotos, porque no las he borrado, porque siguen ahí, acumulando recuerdos que se añaden a las lágrimas guardadas en mi almohada. Y esos ojos… Es que los veo y me tiembla el alma, se me encoge el corazón y me quedo hasta sin voz.

Y es que sí, mi debilidad son los ojos claros, pero no cualesquiera, sino esos ojos que tantos sentimientos me han enseñado, que me han visto reír, llorar, cantar, gritar, suspirar y besar.

Y que ojalá besarte. Te lo prometo, lo necesito, es que de verdad que lo pienso y… no puedo seguir.

¿Conocer?

¿Alguna vez has pensado en cuánto conoces a alguien realmente?

Para un segundo. ¿Crees que las personas pueden cambiar o, simplemente, hacen un papel?

En realidad, con el paso del tiempo hay gente que se va y gente que viene y entra en tu vida. Conforme vas «conociendo» a esa persona, vas adjudicándole algunas características y rasgos que lo definen. Pero ¿y si esas actitudes solo son percepción tuya? Quizás lo que ves de dicha persona sea solo lo que quiere que veas.

Y es por eso por lo que me pregunto: ¿es posible conocer a alguien? Ni siquiera podemos conocernos a nosotros mismos, ya que adoptamos un papel dependiendo de la situación, el momento y la compañía.

Es por eso por lo que no podemos considerar que «conocemos» a nadie y, mucho menos, a nosotros, que somos los «grandes desconocidos».

DESDE QUE NO ESTÁS

Desde que ya no estás me enfrían las mañanas.

Desde que no estás se me alargan las noches.

Desde que te fuiste me sobran las películas de Netflix y me faltan ganas de mirarlas.

Desde que te fuiste me dura más el Nesquik, aquí nadie merienda.

Desde que te has ido nadie me mira mientras canto a grito pelado en el coche, y que, aun sabiendo lo mal que lo hago, me mire como si tuviese la mejor voz.

Desde que ya no vienes veo más triste a mi perro, aún esperanzado por verte cruzar la puerta una vez más. Y que no sea la última.

No te has ido, pero como si tal. Solo has salido de mi vida. Has salido de mi rutina y de mi «a diario».

Y qué duro. Ya no puedo mirar a nadie y que sepa lo que pienso; que, sin decir nada, lo entienda todo.

A pesar de esto, tú siempre vas a estar, porque lo sé. Porque sé que si te llamo, vienes; si lloro, me consuelas; si me callo, hablas, y si te necesito…

… vuelves.

EL FUTURO SERÁ NUESTRO

Qué ironía, ¿cierto?

Suena irónico decir que el futuro será nuestro cuando ni siquiera existe un presente contigo.

Que, por mucho que luche, no te encuentre, y mira que te busco, pero cuanto más parece que me acerco a ti, más lejos te siento. ¿Por qué lo haces? Déjame acercarme. Déjame que sepa de ti, joder.

Detesto que utilices eso contra mí. Juegas conmigo como un títere. Te aproximas, me miras, me acaricias y te largas, y luego, vuelta a empezar.

Te pediría que te alejes, que no vuelvas nunca. Te diría que no quiero saber de ti, pero… ¿de qué coño me va a servir?

Sabes de sobra que, por mucho que me aleje, siempre voy a querer volver, porque me dejas con ganas de más. Tienes algo, un veneno dulce que atrae y mata al mismo tiempo.

Y es que eso es lo mágico de ti: atraes para luego alejar; agarras mi mano para soltarla luego; me das la vida, pero, al instante, también me la quitas, me salvas y me matas.

A TI, QUE ME ESTÁS LEYENDO

Vive. Vive, que te lo mereces. Deja de preocuparte por lo que no lo merece y por la gente que nunca lo haría por ti. Preocúpate de ser todo lo feliz que puedas, porque vida solo hay una, y aunque a veces pienses que no es buena, siempre podría ser peor.

Olvídate de todo por un segundo y sonríe, aunque no tengas motivo, porque estoy segura de que puedes alegrarle el día a alguien solo con el hecho de sonreír.

Mereces ser feliz, mereces decidir lo que sí y lo que no. Sobre todo, mereces que tu vida sea tuya.

Y cuando pienses que ya has tocado fondo, recuerda que, si levantas la mirada, aún puedes ver el cielo, y todo lo que puedes ver siempre estará a tu alcance.

Nunca te rindas, por aquellos que ya se rindieron, por los que luchan, pero, más que nada, por ti.

TODAS LAS COSAS POR DECIR

Quiero que me dejes contarte cómo me siento. Ahora mismo tengo un ciclón dentro. No quiero hacer daño a nadie, mientras me lo hago yo. Tengo sentimientos confusos y culpabilidad por un tubo. No quiero fastidiarte más la vida, de verdad que no, y siento que es lo único que hago. Intento hacer las cosas bien y empeoro todo lo que influye.

Te estoy hiriendo a muerte, y no puedo soportarlo, porque, en el fondo, sé que no quiero estar sin ti, ni quiero ni puedo.

Sé que te preguntarás por qué estoy haciendo esto si tanto me importas. La respuesta es simple: ni siquiera yo soy capaz de saberlo.

Estoy intentando avanzar sin herir a nadie y sé que el final de esto acaba con todos heridos. No sé qué hacer. La situación me queda enorme; de verdad que a veces pienso en acabar con todo y descansar en paz, pero luego pienso que, aun así, seguiría haciendo daño a los que más quiero, y no es una opción.

No sé qué hacer. Estoy muy perdida y solo quiero escapar.

APRIETA

Por nada del mundo sueltes. Respira hondo, pero no sueltes. Aprieta, muy fuerte, hasta que duela.

Aprieta fuerte los párpados. No los abras por nada del mundo, no vaya a ser que veas el mundo que te rodea: horrible, retrógrado, hiriente, sucio, contaminado, vacío, muerto...

Aprieta tanto que duela; que las pestañas de ambos párpados se entrelacen entre sí; que se fundan en una sola hilera, tanto que ambas partes se fundan en una. No quiero que veas en lo que estamos convirtiendo el mundo, cielo.

Ahora, los puños. Cierra la mano, muy fuerte. Lo sé, molesta, duele, hiere, pero, aun así, no la abras. Aprieta fuerte el puño y levántalo hacia el cielo, por aquellos que no pueden, por los que lucharon, pero no fue suficiente. Aprieta con fuerza, con toda la fuerza que ellos te envían, para que luches por ellos, por reconstruir esto a lo que llamamos «hogar».

Bien, ahora aprieta fuerte los labios, pero no para callarte. No, eso nunca, para coger aire y elevar la voz, gritando y reclamando por las cosas que son y no deben ser, proclamando tus derechos y los de todos. Alza bien la voz para que te oigan, pequeña. Hazlo por mí, tu mamá, hazlo por todos.

Y, por último, quiero que hagas esto: aprieta bien los pies contra el suelo, para que nadie pueda moverte, para que nadie pueda derrumbarte y, sobre todo, para protegerte de ti misma. Que no se te vaya el santo al cielo; los pies siempre en el suelo, cariño.

Haz fuerza. Cógela de mí, que, ya que no puedo luchar, quiero que tú lo hagas. Sé fuerte, angelito, y recuerda que te guío desde arriba. Ahora tengo que dejarte, el despertador va a sonar ya.

LO QUE LLEGA SIN BUSCARLO

¿No os ha pasado nunca que estáis hartos de todo? Piensas que ya nada te puede salir bien. Te ves inmerso en un agujero negro en el que, cada vez que intentas salir, terminas más hundido de lo que ya estabas.

Pero, a veces, pasa algo que te hace ver la luz en la oscuridad, algo totalmente inesperado, algo que no buscabas, algo que no creías que pasaría.

Y es que aparece alguien y, poco a poco, aunque te empeñes en negarlo, te hace volver a tener ilusión por las cosas; hace que sientas que todo vale la pena, y vuelves a sonreír, sin saber cómo, por qué, ni cuándo, pero lo haces.

Una persona que te tiende la mano y tira de ti, sacándote poco a poco de ese agujero, en el cual no vislumbras ningún tipo de esperanza.

Y aunque con miedo por volver a caer, poco a poco logras escapar, y esa persona, la que te ayuda a salir de donde parece imposible, es el tipo de gente que merece la pena.

TANTO POR NADA

Al fin y al cabo, siempre comenzamos dándolo todo por personas que creemos que lo merecen, sin saber con certeza si realmente eso es así.

La vida es un todo o nada. Pierdes o ganas, nunca hay un empate, ya que todos estamos dispuestos a cualquier cosa por ganar, aunque haya que aplastar al rival.

Cuando te equivocas con alguien, lo sabes. Realmente lo sabes, pero decides dar fe ciega a esa persona.

Crees que va a estar siempre, que todo va a ser perfecto, pero tu subconsciente sabe que no es así.

Sabemos que nada es perfecto, al igual que nada es para siempre, aunque nos pongamos una venda en los ojos para evitar ponerle fin a algo que va a acabar. Pecamos de ilusos.

Pensamos que, aunque hayan salido mal las cosas, la siguiente persona que aparezca nos va a cambiar la vida, pero la posibilidad de que eso pase es exactamente igual a la de que sea como el resto.

Temporal.

Pasajero.

Efímero.

Pero bueno, no puedo convencer a nadie de esto. Aunque me deis la razón, todos sabemos que cuando conozcamos a alguien nuevo, vamos a volver a pensar que nos va a cambiar la vida, que va a ser eterno, que todo va a ser color de rosa.

Y no, todo es negro: cuando naces, tienes los ojos cerrados y ves negro, y cuando te vas y cierras los ojos por última vez, ¿qué ves?

Negro.

PARA

Párate un segundo a pensar en el resto, ¿no lo ves?

Donde tú ves facilidades, otros ven esfuerzo y, aun así, la recompensa no es la misma.

Las personas que luchan viven limitadas; las personas acomodadas no saben lo que es eso. Trabajar duro por conseguir un sueldo de mierda, nefasto, mínimo.

¿Y tú? ¿Qué demonios tienes que hacer?

Abre la boca.

Pídele a papá.

Muy sencillo.

No es fácil ponerse en el lugar de los guerreros. Se vive muy bien recibiendo todo sin dar nada. Se vive genial teniéndolo todo y que te caiga del cielo, ¿verdad?

Pero llegará el día en que eso cambie, os tocará espabilar, dar el palo al agua que nunca disteis, y pensaréis que es duro.

¿Te cuento un secreto? Nosotros no nos quejamos, porque hemos lidiado con ello toda la vida, no porque sea menos duro. Pasar de una persona luchadora a una acomodada es fácil. Al revés… no tanto.

CLASES DE DÍAS

Hay días en que no puedes más. Sientes que todo te supera y te queda grande, que vas a explotar, que todo es superior a tus fuerzas y que eres demasiado débil.

Simplemente, hay días y días. Ni buenos ni malos, simplemente días.

No puedes tener siempre días buenos, porque sin días malos los mejores días dejarían de destacar sobre el resto.

Pero ese no es el tema. El tema es cuando, en lugar de tener un día malo, tienes dos, tres, incluso cuatro, o puede que más.

Empiezas a pensar que ya todos los días son así e incluso te planteas si de verdad tú podrías soportar eso.

Y, realmente, creo que nunca dejan de suceder los días malos, simplemente llega el momento que te acostumbras a que todos los días lleven pequeños detalles que te dañan. Es por eso que, cuando un día no nos pasa nada así, lo consideramos como un buen día, aunque no lo sea, aunque solo sea un día menos bueno.

¿CÓMO LO HAGO?

Hoy me he parado a pensar en qué pasaría si te marchas. Es decir, en cómo me sentiría si por algún motivo te alejas.

Ha sido solo un instante lo que he tardado en llegar a la conclusión, pero una eternidad lo que me ha costado expresarlo con tan solo letras.

Significas tanto que creo que aún no existe la palabra, no puedo perderte. Y aunque pueda, es que no quiero.

A veces, pienso que solo es un juego de niños, hasta que te tengo delante y te miro.

Te acaricio la cara y pienso: «Pero ¿qué haría yo sin esta persona, si es que me da la vida y me la quita».

Y solo con eso he llegado a hacerme una conclusión en forma de pregunta: ¿cuándo aprendes a despedirte de alguien que no quieres que se marche?

No es nada (no) personal

Maldita sociedad de mierda, ¿sabes lo que estás creando? Personas inseguras. Personas tristes. Personas que caminan por la calle como almas en pena, que solo alzan la vista para verse en los escaparates, para escandalizarse un poco más consigo mismos, porque su cuerpo no se asemeja al del maniquí que se encuentra frente a ellos.

¿Tú crees que podemos ser felices con cánones impuestos por una sociedad retrógrada y superficial que solo ve la belleza en un prototipo diseñado para acomplejar a cualquiera?

Es muy triste. Puedes ser una persona increíble, bellísima, inteligente, feliz, atenta, cariñosa, que si tu físico no es similar al que nos quieren hacer ver que es «lo idóneo», la sociedad se va a encargar de recordarte que por mil cosas buenas que tengas, todos van a juzgarte por tu apariencia, aunque sea lo de menos, aunque realmente esté de más.

¿Cómo coño vamos a ver la vida de forma positiva si cada vez que tu físico se sale del impuesto, te machacan con palabras, carteles, revistas, anuncios y estúpida publicidad que te garantiza bajar 30 kg para verte bien y ser «feliz»? Felicidad subjetiva.

TOXICIDAD

Resulta curioso tener que pedir perdón por dejar huella, pero, en mi caso, quiero hacerlo.

Desde siempre me han dicho que tengo algo especial, una luz que suele marcar mucho a quien dejo que me conozca de verdad. También me dicen que paso a ser imprescindible, y pensaréis que eso es bueno, pero no.

Yo me disculpo por ello, por dejar huella, por marcar a las personas que tienen la suerte o desgracia de conocerme de verdad. Y voy a explicar el porqué.

Cuando una persona te cala hondo, es una sensación increíble, porque cada momento que pasas con ella es especial, como lo es esa persona, como en este caso lo soy yo, pero tiene un defecto: el defecto que cuando esa persona te falta, no te crees capaz de seguir adelante sin ella; te deja un enorme vacío que te amarga, te hace sufrir, y eso es lo que hago yo.

No suelo abrirme a la gente fácilmente. Cuesta mucho llegar a conocerme de verdad; sin embargo, cuando te doy acceso a ello, me convierto en una persona cercana y cálida, pero tengo la mala costumbre de irme.

No sé si es que me asusta el hecho de que alguien me conozca tanto que lo sepa todo de mí, o es que me da miedo que la gente me quiera.

Al fin y al cabo, siempre termino haciendo daño a las personas que realmente menos lo merecen, aquellas que se preocupan por mí.

Por este motivo odio tanto tener esa «cualidad» de ser especial. Destruyo todo lo que me hace bien. No dejo que nadie me cuide.

No sé cómo se echa de menos

Me he parado a pensar en lo que implica echar de menos, y creo que no lo tengo claro.

Sí, sé lo que se siente cuando te apetece ver a alguien, pero nunca he tenido la sensación de vacío al estar tiempo sin ver a alguien. Nunca me lo había planteado.

Es un sentimiento muy complejo. Echar de menos se manifiesta cuando se aleja algo o alguien importante, y poniéndome a pensar fríamente, no sé lo que es eso.

No suelo tener la necesidad de ver a la gente. Soy distante, algo fría quizás, puede que incluso arisca en ocasiones.

Tengo los sentimientos muy ocultos, y es algo de lo que me doy cuenta con el paso de los años. No suelo echar en falta cuando algo se va, por mucho que me gustaría, pero no tengo ese sentimiento.

Y lo siento, porque tengo en mi vida a personas que se merecen que les baje la luna, pero realmente mis sentimientos no los puedo disfrazar, aunque lo intente, aunque me duela.

NO SOY NADIE

Eso es un hecho, soy nadie para todo aquel que solo me busca cuando quiere. Cuando le interesa, soy alguien; cuando no, pues no.

Repatea, repatea el hecho de pensar que, cuando necesites, algo nadie va a estar. Pero que, cuando necesiten algo, tú, por tonta, si lo harás, estarás ahí de apoyo para todo el que lo necesite y te darás cuenta de lo imbécil que eres cuando pidas ayuda a gritos y se hagan los sordos.

Pero no vas a rectificar. No, señora, porque si has nacido tonta, vas a morir tonta, y no tonta de insoportable, de poco inteligente. No, tonta de buena.

Que las personas que te utilizan te digan «eres la mejor, eres tan buena».

No te lo creas. Esta frase se traduce en «mira que eres tonta, luego tú pide algo, que para mí no existes»

Y eso es así, es un hecho por el que debemos aprender quién sí, quién no y quién jamás.

Y así es la vida, un puto ciclo en el que te tropiezas, caes, te levantas y vuelves a tropezar con lo mismo, pero no aprendes, no.

REEMPLAZABLES

Creo que sentirse reemplazable es uno de los sentimientos más duros que existen.

Piensas que no eres suficiente para nadie, que todo lo de tu alrededor te supera y que, en cualquier momento, puedes pasar a ser sustituible en la vida del resto. Y ese sentimiento te rompe, no de una, pero poco a poco te resquebraja por dentro y te crea grietas que te hacen inseguro.

Tu cabeza se llena de pensamientos, quizás reales, quizás no, pero sentimientos de insuficiencia, de vulnerabilidad. Piensas que cualquier persona es superior a ti y que no eres necesario en la vida de nadie, que te van a reemplazar de un momento a otro, y que terminarás solo, porque a nadie le importas realmente.

Por mucho que te digan lo contrario, una vez que te sientes así, no hay nadie que te convenza de que no.

Al fin y al cabo, todo es efímero, hasta las relaciones, ya sean amistosas, amorosas o incluso las familiares.

Y cuando sabes que todo llega a su fin, no puedes centrarte simplemente en disfrutarla. Cuanto más disfrutamos, más nos enganchamos a las personas, y cuando se van, duele el triple.

No es el lugar, es la compañía

No es el momento, son las ganas.

No es la falta de tiempo, es poner excusas.

Cuando se quiere, se puede.

Y cuando se quiere, se puede con todo.

Puedes estar en el lugar menos hermoso del planeta. Puede no tener nada de especial ni de distinto. Quizás solo sea un banco en medio de una plaza en la que no hay absolutamente nada.

Al lado de un descampado, rodeado de carreteras donde, de vez en cuando, pasa un coche.

Puede que, si miras a tu alrededor, te preguntes: «¿Por qué estoy aquí con la de sitios que hay?».

Pero luego vuelves la vista al frente. No estás solo, alguien te mira, le miras; no puedes evitar sonreír, el corazón se engrandece y palpita más rápido.

Y es entonces cuando lo sabes: no es el «dónde», sino el «con quién».

Siempre ese miedo a no ser suficiente

… ese pánico a la mediocridad.

La sensación de que todo, absolutamente todo, te queda grande.

El sentir que nada es para ti y tú no eres para nadie.

El temor al reemplazo, al olvido, a pasar desapercibido, a que la gente te olvide, o directamente no te recuerde.

Nos creemos prescindibles, nos pensamos efímeros y nos imaginamos inexistentes.

Tenemos la costumbre de pensar que no somos nada, que cualquiera es más que nosotros y que a la mínima van a sustituirnos.

Y nos entra el temor, cuando queremos mucho a alguien, de que encuentre algo mejor. La posibilidad es abismal, infinita.

Sabemos que tarde o temprano va a aparecer otra persona que le hará ver que tú no eras para tanto, que aspira a algo mejor y que tú no vales.

Aunque en el fondo lo sabes, o al menos crees saberlo, y es que así es la mente de una persona insegura, indescifrable, incomprensible…, INIMAGINABLE.

Y ES QUE A VECES

todo lo que andábamos buscando
se encontraba en el desastre,
y por culpa de entretenernos
con supuestas maravillas,
nos estábamos perdiendo
la verdadera buena riqueza
de las pequeñas cosas,
de las mayores catástrofes.

Más no debemos preocuparnos,
pues todo lo que es para nosotros,
tarde o temprano, termina por llegar.
Aunque no lo sepamos,
aunque lo tengamos delante
y no seamos capaces de verlo.

Al fin y al cabo, lo bueno se hace esperar
y si se hace de rogar tanto,
es porque no será bueno, será mágico.

EL MIEDO A PERDER

Muchas veces, nos controla el miedo a intentar, el pánico a ser nosotros mismos. Nos abruma el qué dirán y el si a la sociedad le parecerá correcto.

Perdemos por no innovar, por pensar que saldrá mal, pero nunca nos paramos a ver el lado bueno. Nos aferramos a pensar «no va a funcionar», olvidándonos del poderoso «¿y si funciona?».

Nos han enseñado que lo único aceptable es lo impuesto, lo que desde niños nos han dicho que está bien, y aquello que se sale de esos patrones no es aceptable, por lo que hay que ocultarlo y pretender que no salga a la luz. Pero, claro, muchas de las cosas que hoy día tenemos han llegado a ser lo que son por una idea aterradora, que se preveía sin futuro alguno.

Por eso, debemos romper los esquemas, salirnos de «lo que está bien» y arriesgar, por si funciona.

No me siento bien, tampoco mal

Me siento enérgica, pero no es una energía buena y alegre. Es una energía destructiva e irascible. Rabio por todo. Absolutamente cualquier cosa me molesta, me sienta mal, me hiere.

Sin embargo, no es lo peor de todo, no. Lo peor son los sentimientos hacia mí misma.

¿Sabes el sentimiento de ver a alguien a quien no puedes soportar bajo ningún concepto y tenerlo delante riendo y hablando? Hierve la sangre.

Pues imagina que te pasa contigo mismo.

Te miras, sientes rabia, impotencia, frustración, ira, asco, violencia…

Piensas: «¿Por qué eres así? Mírate, das asco».

Y es destructivo. Te destruyes tú solo. El agobio llena tu garganta y las lágrimas abarcan tus ojos sin poder remediarlo.

Y, por desgracia, ese odio hacia tu persona lo repartes con todo aquel que intenta nada contigo. Es terrible, da pena, pero incontrolable.

Me da tanta rabia… La gente es feliz, de verdad puede serlo.

Me encanta comer, y eso es un hecho; es de mis pasatiempos favoritos.

Sin embargo, no puedo.

Tal es el odio que me tengo hacia mí misma y mi cuerpo, que me castigo torturándome si se me ocurre comer algo «no saludable», por mínimo que sea.

ME GUSTA QUE DUDES, ME FLIPA

… que a veces no me creas cuando te digo que te quiero, que pienses que solo te tengo cariño y que siento poco por ti.

Me gusta que te preguntes si me dolería mucho si lo dejásemos, ya que crees que no sería así.

Y me gusta todo eso, porque, de esta forma, con tus dudas, puedo seguir luchando cada día por demostrarte todo lo que significas para mí, lo que me importas y lo mucho que te quiero.

Sabes que me cuesta mucho decirte las cosas, pero yo creo que, en el fondo, sabes bien lo que siento.

Una de las principales cosas ahora mismo en mi vida es que estés feliz, y ayudarte a conseguirlo dentro de mis posibilidades.

Así que sigue dudando mucho tiempo, que no me voy a cansar de demostrar que te equivocas.

SUÉLTAME

… no sigas tirando.
Necesito irme, no puedo seguir aquí.
Ella me está llamando, ¿acaso no la oyes?
Déjame partir, te lo suplico, me hieres.
Deja de dañarme, de inculcarme miedo.
Deja de hacerme sentir que no soy para tanto,
de repetirme que no valgo nada.
No me vengas con que cualquiera es mejor que yo,
que cualquiera me da mil vueltas.
Deja que me quiera, aunque sea un poco,
no puedo ser yo si me lo impides.
Me estás matando, me fundes las ganas,
aplastas mis sueños, me arrancas las alas,
constructor de mis miedos e inseguridades,
solo déjame marchar.
No me aplastes con dudas y odio,
pues no es repulsión a nada que no sea yo misma.
Desprecio mi vida, mi cuerpo y mi alma,
deseo constante de ser cualquiera que no sea yo.
Deja que ella se acerque, deja que tome mi mano,
permite que me lleve, no crees más llantos.
Mi dulce tormento, ha llegado la hora.
Hora de liberar mi mente y dejar que vuele,
tan alto y tan lejos,
donde no me ahogue en llantos
ni me encierren mis miedos.

Lo siento, no puedo

Te juro que intento, con fuerza, escapar.
Me tiene sujeta, envuelta en sus brazos.
Me quiere con él, para siempre.

Y es que me mata, lo sabe, me asfixia,
me roba el aliento y después me acaricia,
me dice «lo siento», previamente a apretar de nuevo.
Me promete que todo va a salir bien,
pero nada puede salir bien si sigue conmigo.
Solo tú puedes salvarme, solo tu alma blanca.
Solo tú proporcionas vida y aliento a aquellos
que pierden todo lo que les guía.
Solo tú puedes devolver la esperanza
a los que no luchan por no tener un porqué.

Dama blanca de brillante resplandor,
sigue luchando, no sueltes mi mano.
Necesito tu fuerza y tu ángel,
ya he sufrido bastante con esto.

Ayúdame a romper la cadena,
partiendo los eslabones que me encierran,
deshaciéndome de su abrazo feroz y asfixiante.
Libérame del temor, de la furia, del odio,
del peso de sus garras sobre mí,
del manto negro que cierne sobre mi cabeza,
impidiéndome vislumbrar algo
que no sea oscuridad.

GUÍAME

Guíame, por favor,
solo tú puedes hacerlo.

Cuando tú estás cerca, siento que puedo.
Cuando me miras y sonríes,
siento que nada es tan malo.
Cuando me agarras, vuelvo a tener los pies en el suelo
y el aire vuelve a llenar mis pulmones.
Eres la única persona capaz de devolverme a la vida
cuando todo está perdido.
Alma blanca, sujeta mi mano.
No quiero perderme.
Y tú, aunque a veces ni yo me soporte,
tú siempre ves que en mí no solo existe penumbra,
no ves todo perdido.
Sabes que, si es contigo, todo lo que es triste
puede volver a resplandecer como mi sonrisa al verte.

REMORDIMIENTOS

Es una impotencia increíble ver a la gente que come lo que quiere cuando quiere y es feliz. De verdad que yo no puedo. Me tengo tanta rabia, soy la persona que más asco me da en el planeta.

No puedo decir esto sin lágrimas, porque realmente me apena esta situación.

Estoy profundamente obsesionada con mi peso, mi apariencia y todo el conjunto.

Me machaco. Después lloro, me frustro por no conseguir resultados y me culpo.

Me voy a aceptar nunca, porque para mí nunca seré suficiente, nunca tendré algo bueno, nunca me querré ni lo más mínimo. Y me da pena. No llevarse bien con uno mismo es la peor cárcel.

INVOLUCIONANDO

Pensar que todo está mal, o que nada funciona. Ver como todo a tu alrededor prospera mientras tú quedas estancada.

Sentir el vacío de no sentir nada, la falta de motivación constante por saber que no irá bien o, simplemente, alegrarte por lo que al resto le sale bien, pero nunca por ti.

Pensar que la fortuna ha abandonado tu vida, que no te queda ni una mota de suerte, que todo está perdido y que ganar no es para ti.

Sumirte en el fracaso, adoptarlo como tuyo, añadirlo a tu vida como si fuese lo usual, lo convencional. Acostumbrarte a perder y ver los éxitos como imposibles.

Pensar que nada de lo que haces va a dar fruto y preguntarte si realmente tiene sentido seguir adelante; preguntarte a cada momento si vas por el sendero que debes o si te has equivocado de nuevo.

Vivo con el miedo eterno a ser reemplazable

… la inseguridad infinita que me da aquello que está, pero puede dejar de estar en cualquier momento.

De pensar que todo lo que tienes se puede convertir en lo que tenías, y ese pavor horrible a recordar a alguien para quien existías, pero ya no.

Disfrutando lo que tenemos sin dejar de pensar en el final, aprovechando con cuidado los momentos por si son los últimos.

Atemorizada por pasar a ser prescindible para alguien que no lo es para ti.

Un pensamiento constante y venenoso causado por la inseguridad pura que padezco.

Una espina clavada que, por más que el tiempo pasa, no la extrae ni la cura.

El creer que, si el tiempo te arrebata aquello que tanto quieres, te estará quitando vida, alma; te estará quitando la capacidad de vivir, de ser.

SUJÉTAME FUERTE

y, por favor, no pares nunca.
Repítemelo una vez más, que dure eternamente.
Hazme saber que estás, hazme saber que somos.
Dime despacio lo que sientes, dilo una y otra vez.
Disipa mis miedos, todos de una.
Borra las dudas, solo tú puedes hacerlo.
Arrastra mis demonios y sácalos fuera.
Eres el único que tiene fuerza para ello,
eres aquel que conoce mis adentros.
Sopla fuerte, me ha entrado un recuerdo,
y no de los buenos, no de los nuestros.
De los que me avisan en cada instante
que nadie es perfecto.
Vamos a demostrar que se equivocan;
nosotros sí lo somos, quizás no por separado.
Pero lo que ellos no saben es que, unidos,
somos uno.

AL FINAL TERMINÓ RESULTANDO QUE LA RAZÓN LA TENÍAS TÚ

No fue una relación perfecta. Éramos niños, inseguros, dudosos y sin mucha idea de lo que es la vida y de lo que sería una vida juntos.

Yo tuve errores. Como tú dices, no me porté bien, pero tú tampoco lo hiciste, mas no por ello pienso que no mereciese la pena, porque nadie me ha vuelto a despertar lo que tú conseguiste aquel febrero.

Puede que tú pienses que fue una mala época o que nuestro tiempo fue peor que bien, pero yo siempre voy a mantener lo que dijimos y, al parecer, solo yo puedo reafirmar a día de hoy.

Eres y serás el amor de mi vida.

No tiene que ser mutuo; de hecho, no tiene que ser nada, porque ya terminó aquello que pudo ser.

Pero no me pidas que no te guarde parte de aquel amor que por aquel entonces fue solo tuyo.

Te quiero. Siempre.

UNA DEFINICIÓN IMPRECISA DE LO QUE ES LA VIDA

A menudo definimos la vida como una suma de momentos y fotogramas que componen nuestra propia película, nuestra propia historia.

Debo decir que no estoy completamente de acuerdo, y es que, además de las vivencias y emociones, la vida se compone de personas, unas efímeras, otras eternas, que llegan para dejar huella o, quizás, cicatrices, pero de todo se aprende.

Por ello, me quedo con la definición de que la vida no solo son momentos, sino también los recuerdos de aquellos que los protagonizaron, los que se van, los que se quedan y los que, aunque ya se fueron, siempre quedan.

No me culpes

si me ilusiono con las horas espejo,
con que suene la canción que estoy pensando,
con que una persona diga lo mismo
que yo al mismo tiempo,
con los estrenos,
con las risas a destiempo,
o un baile improvisado,
con los cumpleaños del resto,
con la consecución de objetivos,
con una puesta de sol,
la espuma de las olas o el latir de un corazón,
el bostezo de mi perro,
o el recuerdo de la voz de aquellos
que ya no están.
No me culpes por apreciar las pequeñas cosas
sin permitir que las grandes les hagan sombra.

Coco

Que alguien venga a mí y me explique en qué momento se decidió poner tiempo a la felicidad que me aportas.

¿Quién fue el que decidió que solo me acompañarías una breve parte de mi vida?

De verdad, que alguien me haga comprender cómo algo tan bueno y puro puede durarme tan poco.

¿Que haré yo cuando algún día me toque entrar a casa y no escuchar tus patitas?

¿Y cuando no tenga que volver a casa, porque mi bebé no ha salido a pasear?

Y dime, ¿qué voy a hacer todo ese tiempo que no esté lo que le da color a mi vida?

¿Y quién me ayudará a entender que el contador de nuestro tiempo juntos cada día está más próximo al 00:00?

No puedo entender que sea justo que aquello que me hace tener los pies en el suelo algún día tenga que marcharse a aquel supuesto cielo. No quiero aprender a vivir sin lo que me hace tanto bien que ni yo puedo expresarlo con palabras.

Pero si algo he aprendido en estos años es que, por muy lejos que te lleve esta puta vida, parte de mí se va contigo, al igual que, en algún lado, un trocito de mí estará sacándote a pasear por cada rincón de aquel tan mencionado cielo.

COMO NUNCA CREÍ EN EL AMOR PARA SIEMPRE, DECIDÍ HACER QUE NO EXISTIERA

Te saqué de mi vida pensando que era lo que en ese momento quería, pero te mantuve en ella, porque realmente nunca aprendí a soltar.

O a soltarte, porque, a pesar del tiempo que ha pasado, siempre vuelves en forma de recuerdos, en forma de señales, o incluso con el viento.

No sé si será casualidad o destino, y que quizás tú tampoco conseguiste soltarme, en parte porque no te dejé y en parte porque tampoco querías que te soltara.

No sé qué pasaría si te viera, si me vieras, si nos viésemos después de tantos años. Con el paso del tiempo, que ha dejado mella en ambos, quizás no quieres verme, igual que yo no quiero verte a ti, pero quizás también soñemos con que algún día el camino nos lleve a volver a cruzarnos.

A lo mejor es justo lo que necesitamos, conectar para desconectar, coincidir para poder seguir.

O quizás solo nos sirva para dar un paso atrás, o veinte, que quizás nos lleven a plantearnos qué habría pasado si yo hubiese creído en el amor para siempre.

MI PROPIA CONDICIÓN EFÍMERA

Siempre he pensado que lo que se siente por mí es pasajero, efímero.

Que nadie se quedaría conmigo si tuviese otra opción, o al menos no de forma permanente.

Siempre he supuesto que alguien había mejor que yo, solo que la otra persona aún no la había conocido.

Supongo que es parte de la inseguridad que completa lo que soy, que me hace entender que no soy suficiente, pero ¿suficiente para qué? ¿O para quién? ¿Quién escoge dónde está el límite de lo suficiente?

Pues yo misma. Es por eso por lo que, como dice la canción: «Descubres tu enemigo mirándote el ombligo. Eres tú, nadie más».

Y es que, al final, el peor sabotaje es al que la parte oscura de tu mente te somete día a día, noche a noche, rato a rato.

Por suerte, somos dueños de nosotros mismos y somos los únicos capaces de callar esa parte y hacer que salga a la luz la otra mitad, la que te dice y te repite que tú sí, que lo tienes todo y que vales todo lo que tienes.

OBLÍGATE

Venga, no tengas miedo. Lucha por ello y sé valiente. Atrévete a hacerlo y no dudes

¿Que de qué hablo?

De que te lances a intentar evitar aquello que de verdad sientes, intentar ocultar tu interior engañándote a ti misma.

Pero recuerda esto: con que algo te haga dudar de lo que sientes, te está resolviendo un millón de preguntas que creías sin respuesta.

LA NECESIDAD IMPERIOSA DE ENCONTRAR
AQUELLO QUE NOS LLENA

La ansiedad que nos genera buscar todo el tiempo algo que hacer.

Tener las manos ocupadas para no sentir que, simplemente, no vales nada.

Sin echar la vista atrás y recordar todo lo que ya hiciste, lo que hoy en día te hace ser quien eres.

Pero supongo que es más fácil pensar en lo que te falta que en lo que ya tienes logrado.

Y UN DÍA...

Un día hice clic. No voy a decir que fue hace mucho, pero eso es realmente lo de menos.

Empecé a pensar en el concepto de vida más allá de la noche y la fiesta. Empecé a afrontarlo como algo mío, algo por crear, algo por desarrollar y algo por vivir.

Dejé de querer trasnochar y empecé a preferir madrugar para ir a descubrir algún rincón desconocido.

Elegí la calidad antes que la cantidad, aplicado a las cosas, las amistades, las relaciones...

Deseché cada pensamiento masoquista, cada pensamiento intrusivo y autodestructivo, cada reflejo erróneo en el espejo y cada lágrima causada por esto.

Me decidí por dejar de depender de nadie y empezar a labrar mi propio camino, trabajando duro y recogiendo aquello que siembro.

Esta nota viene del futuro, de un año indeterminado, de la Aitana rehecha, la de verdad, la que consigue sacarse la pena y arrojarla fuera por conseguir aquello que quiere y por estar con aquellos a quienes necesita cerca.

No es ahora, probablemente mañana tampoco, pero sé, a ciencia cierta, que mi destino es, como el fénix, resurgir de mis cenizas para nacer completamente libre, completamente mía.

ARMA DE DOBLE FILO

¿Te haces una idea de lo que supone querer hacer tanto, querer demostrar tanto, querer decir tanto y, a la vez, temer hacer todo eso porque no sabes cuánto te va a durar?

Tener una actitud totalmente cambiante, indecisa, insegura, tan amorosa y asquerosa al mismo tiempo que nunca sabes por dónde vas a salir.

Desear amanecer por la mañana y que la parte luminosa e iridiscente de ti sea la que te despierta esa mañana.

Querer con toda tu alma, y que al día siguiente amanezcas con un rechazo tremendo hacia la persona por la que AYER mismo hubieses dado la vida.

No poder estar feliz, aunque no tienes motivos para lo contrario, pero tampoco estar triste; simplemente estar, pero, a la vez, no estando.

Te vuelve completamente loca tanto cambio, tanto giro, tanta indeterminación, tanta incertidumbre; no ser una persona, ni dos, sino una combinación de factores diferentes cada día.

Llega un punto en el que amaneces preguntándote: «¿Realmente soy?».

JÚRAME Y PERJÚRAME QUE DE VERDAD ES LO QUE QUIERES

Salir, bebe, enrollarte con uno, con dos, con diez; acostarte con uno, con dos, con diez; despertar y sentirte igual de vacía por sentirte deseada una noche de borrachera.

Júrame, Aitana, que cambiarías eso por una vida en conjunto, por ver crecer a tu niña, que se parece mucho a ti, pero también a él; por fijar tus ojos en el amor de tu vida, mientras intenta sin éxito que la pequeña repita la palabra «papá».

Prométeme, al menos, que dejarías la vida en familia, los viajes, los «te quiero», los planes, la intimidad, el afecto, el futuro, por un presente de mierda.

Yo sé que no, y tú también. Pero la otra parte no; la otra parte alocada, salvaje, en mi opinión, imprudente e inconsciente.

Convéncela. Dile que a la única persona a la que tienes que seducir, ya lo has hecho. Recuérdale la complicidad, el amor, el sexo, la felicidad y la unión que tienes con esa persona.

Y dile qué es lo que quieres. Arguméntale que quieres montar tu vida en un entorno familiar y no de desastre, y que el pilar de este no sea una botella de ginebra de seis euros.

El pilar de tu vida eres tú, siempre acompañada de la mano de los que te quieren, de los que componen tu genealogía y los que próximamente se unirán a ella.

Cuéntale tus visiones, que te imaginas en pareja con él, cogidos de la mano, amamantando una vida, uniendo las de ambos y escogiendo la felicidad antes que la locura.

Dile lo que quieres, Aitana, y pídele que desaparezca, porque ella lo único que trae son problemas, y eso no. No es lo que quiero.

6 DE SEPTIEMBRE

Aunque no pueda verte, te siento, porque en cada rincón tengo un recuerdo, de esos que te sacan una sonrisa enorme, aunque se disipe al pensar que son solo recuerdos.

A veces, te sueño, y me odio por despertar, ya que te seguiría abrazando mil años más, ya que, desgraciadamente, la vida no me dio más oportunidades de hacerlo.

Te extraño a cada minuto. Te juro que no hay día que no piense en ti, mi hermano, mi familia, mi primito del alma, la razón de millones de sonrisas y el remedio de infinitas lágrimas.

Si la vida fuese justa, ahora no estaría escribiendo esto. Quizás no tendría que mirar con pena a cada lugar donde nos reímos, donde vivimos, donde te quisimos.

UNA VEZ MÁS

Una noche más arrepintiéndome de ser, echándome en cara lo que hago, lo que digo y lo que pienso.

Planteándome el cambio, el giro, el renacimiento, queriendo dejar de ser yo, precisamente para poder ser bien.

Estoy harta del «vive el momento» y del «vida solo hay una», porque, por desgracia, aquello que haces, además de joderte a ti, puede repercutir en la vida de los que te quieren y rodean.

Es por eso que hoy cierro esa etapa de mi vida, la del carpe diem, la de juventud divino tesoro, para centrarme en elaborar aquello que quiero que defina mi estilo de vida.

Esa vida que quiero prolongar hasta el final de esta.

SE NOS VA A QUEDAR CORTO EL MUNDO
PARA TODO EL TIEMPO QUE VAMOS A TENER

No, yo no tengo novio.

Tengo a esa persona hacia la que huir corriendo cuando todo se tuerce.

A la definición perfecta de apoyo.

La visión de futuro y lo que entiendo por suerte.

Esa que le da significado a la palabra «hogar», aunque realmente no lo sea.

La que siempre sabe qué decir, qué hacer, o que sin hacer ni decir nada, te lo cura absolutamente todo.

La que siempre está, incluso cuando no está.

Que se preocupa hasta cuando no tiene que hacerlo.

Que me hace sentir que quizás no todo es tan malo, o que hace que todo lo malo lo sea menos.

La persona que me ha levantado más veces de las que me he caído, incluso antes de llegar a caerme.

Tengo todo eso, pero no, yo no tengo novio.

MUCHO MÁS QUE LAS CALORÍAS QUE COMO

No, no pienso que esté comiendo demasiado.
No, tampoco pienso que me vea mal en el espejo.
No, tampoco estoy más gorda que ayer y no, definitivamente
tampoco se nota «esa galleta».
No intentes que me odie, no generes una guerra contra
mí misma, porque quizás no ahora, pero algún día pienso
vencer.
Porque soy más fuerte que tus mentiras,
más fuerte que tus falsos reflejos,
más real que la imagen de ese espejo
que, al parecer, solo yo veo así.
Soy mejor que lo que en mí construyes.
Definitivamente soy más lista,
menos inocente.
Definitivamente soy más yo
que tú.

Y ES QUE HAY DÍAS QUE SIMPLEMENTE NO

Hay muchos que serán un sí rotundo.
Pero no hoy.
Y no pasa nada, es un día más, o un día menos.
Es normal no estar siempre al 100
y no por eso debes sentir que fallas.
Simplemente tómatelo como un día tuyo,
todo para ti.
Cada minuto y cada segundo que componen
las 24 horas que lo forman.
Y cuando menos te lo esperes pasará,
y entonces estarás un poquito más cerca
de estar al 100.
Quizás te sientas al 20, o al 2, o al 99,
pero más cerca seguro.
A veces, son necesarios los días malos
para poder apreciar mejor los buenos.

ME DA PENA

Pena porque siento que nos perdemos algo, que dejamos a un lado aparcadas algunas cosas que podrían ser y, al menos por ahora, no serán.

Nos dejamos apartada esa complicidad y esa conexión que nos tiene abrumados desde el minuto cero.

Nos hemos vuelto locos el uno al otro con tanta incertidumbre, con tanta indecisión y con tanta duda.

No pienso que nos hagamos daño, porque por el contrario saber de nosotros nos hace sentir en parte vivos.

No es una situación fácil y, seguramente, nunca llegue a serlo, pero lo que sí sé es que si ha sucedido es por algo; no podemos frenar lo que va cuesta abajo y sin frenos, al igual que no podemos cortar las alas a aquello que sentimos y que de ninguna manera puede servir de reproche.

LA VIDA ES UNA

… y en ocasiones no llevamos el rumbo de esta. Por eso hay veces que debemos fluir, dejarnos llevar río abajo y adonde nos lleve la corriente.

No podemos forzar las cosas ni tomar decisiones por no herir al resto, olvidando lo que nuestro corazón está gritando; en estos casos, no es mente o corazón, sino ambos.

ME ESTÁS VOLVIENDO LOCA

O quizás me lo estoy volviendo yo sola.
Cuanto más debo alejarme,
más me pide el cuerpo que te busque.
Cuanto más debo soltarte,
mi corazón más me empuja hacia ti.
¿Y qué hago si esto que me pasó contigo
no lo había vivido con nadie?
¿Y qué hago si tengo la verdadera necesidad constante
de saber de ti?

BUEN COMPAÑERO DE VIAJE EL MIEDO

Advirtiéndote del peligro de cada paso,
acechándote en cada momento,
alejándote de lo que se considera peligroso,
o incitándote a mantenerte cerca.
A veces, incluso, te advierte de lo bueno,
de que, aunque parezca que existe luz,
puede ocultar algún atisbo de oscuridad.
Te hace sospechar, culpar, huir.
Pero también te permite rectificar, cortar,
alzar el vuelo…

Yo ya no creo en el «para siempre»

Prefiero creer en la fugacidad de lo efímero.

En las casualidades, en las coincidencias.

Creo en el paso del tiempo y en el carpe diem.

Creo en el efecto mariposa y en el «todo pasa por algo».

No me preguntes si voy a estar para siempre, porque siempre es mucho tiempo, muchos cambios, muchas coincidencias, muchos momentos, muchas personas y muchas formas de mi ego.

Dejé de creer en el concepto de infinito, en el destino y en los finales felices.

Al final, lo que tienes es porque te lo ganas, el camino te lo siembras tú mismo.

No llegas a ninguna parte porque así estaba escrito, sino por la suma de las decisiones que tomas en tu vida.

Un chasquido de dedos puede desplegar un abanico inmenso de caminos que tomar y, al final, llegarás a la meta que te guíen tus propios pasos, tus propias decisiones.

AQUELLA SONRISA DE CUANDO COMÍA POR PLACER Y NO POR NECESIDAD

Extraño la parte de mí que comía porque amaba hacerlo, y no por no morir de hambre,

A la niña que vivía contando vivencias y anécdotas en lugar de calorías.

La que paseaba por los supermercados eligiendo sus productos favoritos y no los que «menos engordan».

Esa que se miraba al espejo para ver si llevaba ambos calcetines iguales, y no para juzgarse a sí misma por haber engordado, lo haya hecho o no.

El pellizcarme los granos y no los rollos; el sonreírme a mí misma y no incriminarme con una mirada.

Echo de menos el queso, las pizzas, el chocolate, los polvorones en Navidad sin culpas posteriores; el mirar una mesa llena y no pensar en cuánta grasa tendría cada plato; el no tener que quedarme mirando por tener miedo a que todo eso pudiera hacerme aumentar de peso.

Echo de menos la persona que era, la persona enmascarada por la tristeza, la obsesión y el asco.

Echo de menos mi vida previa al TCA.

DICEN QUE LOS COMIENZOS SON LA PARTE MÁS FÁCIL

… donde todo fluye, todo funciona, todo va bien, hay amor, hay cariño, respeto, el tonteo inicial…

A mí me gusta empezar las cosas al revés, con lo difícil, los baches, los altibajos, las ideas y venidas, los me voy y los me quedo.

¿Sabes por qué?

Porque, una vez superado eso, nos queda lo mejor para el final, para avanzar con el terreno liso, sin dificultades, o superándolas juntos.

Una vez has pasado ese tramo oscuro y doloroso, solo te quedan las sendas verdes, cuando ya conoces los defectos y virtudes del otro, pero incluso eso te encanta y has decidido que, como lo malo ya ha pasado, solo queda tomar impulso y avanzar con toda la luz que no pudo tapar aquella primera oscuridad.

CUANDO TE DAS CUENTA DE QUE ALGO TE HIERE

… aprendes que quizás no es tan bueno como parecía ser en un principio.

Y, además, asumes que no es malo alejarse, que a veces es incluso necesario.

Cuando algo atenta contra tu propia felicidad, cuando te hace más mal que bien, te hace ocultar lo que realmente eres y te absorbe la energía hasta tal punto de dejarte casi inconsciente. En ese momento, y no antes, descubres que, aunque pareciera que sí, quizás ese no era tu sitio.

Que aquel amarre estaba hiriendo tus manos hasta el punto de rasgar tu piel con unas rozaduras que perdurarán hasta el fin de tus días.

Hasta que un día sueltas, liberas las cuerdas y descubres que quizás, y solo quizás, no tenías que retener algo destinado a irse y, aunque siempre quedarán las cicatrices, serán señal de algo que has aprendido, de una decisión que has tomado, única y exclusivamente, POR TI.

SENTIR COMO QUE TODO DEPENDE DE TI

Que si no haces algo, el mundo va a estallar.

Estar pendiente de cada movimiento de cada átomo que compone la materia.

Cargar en tus hombros con la presión de que eres el engranaje que mueve el planeta.

Sentir en tus huesos la carga de un peso que, evidentemente, no te corresponde.

Y no poder evitarlo. Convertir cada problema en algo personal, cada grano de arena en un desierto, querer tenerlo todo bajo control y, al final, caer en tu propio descontrol.

Querer abarcar todo te lleva a un estrepitoso fracaso que termina por empeorar cada minucia; todo se agrava por querer abordarlo al mismo tiempo.

Que sí, que vas a poder con todo, pero no con todo a la vez.

DÍAS CON INTERROGANTE

Hoy es uno de esos días en los que no sabes qué música te apetece escuchar. Tampoco sabes bien qué hacer, ni qué programa ver en la televisión de tu casa. Simplemente te concentras en respirar y ya te parece una tarea bastante ardua.

No estás mal, ni triste, pero tampoco te sientes bien. Es como que estás sin estar, como si tu alma hubiese abandonado tu cuerpo y, simplemente, te mantiene en pie para no desplomarte.

Como el titiritero que sostiene la cruz de madera con cuerdas que mantiene erguido al títere, y que, en cualquier momento, si lo suelta, cae por su propio peso.

¿Lo bueno? Tú, en este caso, eres títere.

Pero también titiritero.

ESTABA CANSADA DE NO SER YO

Bueno, mejor dicho, de tener que esconderme, mi esencia y lo que realmente soy.

De avergonzarme por no estar bien, por caer y recaer, de sentirme mal por sentirme mal.

Y ya basta.

No existen personas en perfecto estado. Nadie tiene el alma intacta y el corazón entero, a todos nos ha destrozado algo o alguien y nos ha dejado huella.

Pero nos empeñamos en buscar a alguien que no existe, alguien sin problemas para no tener que lidiar con ellos, una persona sin fisuras, una persona íntegra.

Y no, siento decir que no existe. Evitamos a todo aquel que sufre, que padece, que no tiene los ojos secos, que ha sufrido y a veces, aunque no siempre, se rompe. No nos interesa lo más mínimo unir los pedazos rotos de nadie; lo tachamos de persona triste, depresiva, negativa; juzgamos su actitud ante las diversas situaciones…

Pero… habría que ver cómo afrontamos nosotros esos mismos sucesos. No podemos juzgar un dolor que no hemos sentido ni valorar un camino que no hemos recorrido.

Y SI SABEMOS QUE NO VA A FUNCIONAR, ¿POR QUÉ NOS EMPEÑAMOS?

Es como si supiéramos que se acaba la carretera y apretamos el acelerador como si nos fuera la vida en ello.

De hecho, es como que supiéramos que puede, perdón, que va a tener consecuencias, pero estamos obligando a nuestra mente a no barajar esa posibilidad.

Pero, por desgracia, existe. Porque, detrás de todo esto, hay mucha mierda que apesta, y que por mucho que te empeñes en taparla, al final el olor sale y llega un momento que es imposible de cubrir.

Pues lo mismo nos pasa a nosotros. Todo iba bien, la cagamos, y ahora pretendemos que todo siga como si nada. Pero no puede ser. Aunque me duela, aunque nos duela, lo que pasó entre medias no lo podemos borrar como si nada.

No me preguntes qué hacer porque realmente no lo sé. No tengo ni idea, porque no quiero seguir jodiéndolo todo, pero dejar de joderlo significaría dejar también lo que tenemos y, verdaderamente, no quiero que entre en mis planes.

HOY ME HICE UNA PREGUNTA A MÍ MISMA Y ME SORPRENDIÓ MI RESPUESTA

¿Cómo puedes saber si realmente has olvidado o superado a alguien?

Imagina esta situación: estás tranquilamente en tu casa, haciendo cualquier cosa y de repente te llega un mensaje. Resulta que la persona a la que se supone que has superado se marcha, se va a vivir fuera, sin fecha de retorno, sin saber si volverá o no, sin saber a dónde va, por qué se va.

En esta situación, una vez nos hemos metido en el papel, ¿correrías al aeropuerto en su búsqueda, ya sea para despedirte o para impedir que se vaya?

En ese momento en que me planteé esta cuestión me di cuenta de que realmente estaba jodida.

Ni me pensé la respuesta. Si yo me enterase de que esa persona piensa marcharse lejos, no tardaría ni medio segundo en ir adonde fuese para decirle todo esto que estoy escribiendo.

Así que ya sabes. Si la respuesta es «sí», dos opciones: o es muy amigo tuyo y quieres desearle que le vaya bien, o, querida persona que me estás leyendo, por mucho que te engañes no lo tienes superado, y lo siento por ti.

A VECES ES NECESARIO PISAR EL FRENO

Nos han vendido que la vida es solo una y que tienes que aprovecharla y disfrutarla al máximo.

Que cada segundo cuenta y no podemos dejar nada para mañana.

Nos han enseñado a ir a toda hostia por si no nos da tiempo o nos dejamos algo por hacer.

Pero a veces es imprescindible aminorar, reducir, detenerse, respirar, pensar y, entonces ya, actuar.

Es cierto que solo se vive una vez, pero no te pases la vida a toda prisa, porque te la pierdes. Ignoras pequeños detalles, a veces imprescindibles para comprender otras muchas cosas.

Y lo repito, a veces tienes que hablarte a ti mismo y ordenarte parar.

Hay mucho por lo que preocuparse alrededor y si solo te centras en acelerar y vivir a tope, te dejas muchas cosas e incluso a algunas puedes llegar a llevártelas por delante.

Arrasar a tu paso es importante, pero en el buen sentido de la palabra.

Además, aunque lo deje para el final, hay otra cosa por la que disminuir la marcha, y esa razón es nada más y nada menos que tú mismo. No puedes explorarte si solo observas fotogramas externos que te saturan de información, a veces sobrante. Por eso también debemos mirar hacia dentro, mirarnos hacia dentro.

CARTA A MÍ MISMA, CUANDO YO ERA YO

A la niña insegura que aparenta ser capaz de comerse el mundo, pero en realidad le aterroriza que sea el mundo quien se la coma a ella.

A la estrella de luz tenue que poco a poco se apaga sin esperanza alguna de volver a iluminar como lo hacía.

Igual que la ola que solía arrasar con todo a su paso, pero cuando llega a la orilla, se funde en una ligera espuma blanquecina que decora de brillo la arena.

Como la vela incandescente que, con el paso del tiempo, va haciéndose pequeña, hasta que llega un momento que se vuelve inexistente.

Y es que ella es así. Se siente cada vez más vacía, más rota, más hundida y piensa que nunca podrá salir adelante, pero ella es un ser iridiscente. No lo sabe, pero es así, un humano que recibe luz y la proyecta en forma de una armonía perfecta de colores preciosos que iluminan a todo aquel que la tiene cerca.

Realmente es una pena que se sienta tan oscura y lúgubre, porque no sabe todo lo que vale, ni se imagina la energía pura que contagia a todos los que la rodean. Ella brilla tanto que solo se me ocurre una palabra para englobar todo lo que sin querer hace, y es que, sin duda, ella es magia.

ESTOY CONOCIENDO A ALGUIEN

Sí, tan rápido y en tan poco tiempo.
Es alguien que no sabía que tenía
y que estoy descubriendo
Una persona tan igual a mí
y, al mismo tiempo, tan distinta.
Esa persona soy yo,
y ya era hora de empezar a reconocer
a alguien con quien he vivido tanto
y que me ha acompañado siempre
Soy yo, ¿quién si no?
Debo aprender a estar conmigo
antes de buscar un «nosotros» ajeno.
Y yo aún no sé quién soy,
y ya es hora de saberlo.
Es hora de descubrir que todo lo que necesito
solamente lo tengo yo.

Una de las mil veces que tendré que pedirte perdón

Sé que un texto no va a borrar todas y cada una de las discusiones ridículas y pequeñas que hemos tenido últimamente.

Sé que te he sacado de quicio en varias ocasiones. Sé que aguantarme en estos momentos es algo digno de campeones.

Pero no quiero que dudes ni un segundo de nuestra relación ni de lo que siento por ti, porque sigue igual de fuerte, incluso más. Porque cada obstáculo añade valor a esta magia que nosotros hacemos.

Sé que soy difícil, complicada, a veces insoportable y, de verdad, te admiro por conseguir no haberme asesinado, porque a veces es para matarme.

Te pido perdón por todo, por lo exagerada, lo intensa, lo despegada, lo ausente, lo oscura (y lo hinchada) que estoy.

Pero quédate con lo que te he dicho: sigo sin cambiar lo nuestro por nada del mundo, sigo sin cambiarte ni por todo el oro del planeta.

Autoexigencias y otras mierdas

Quiero suponer que, como siempre, me exijo demasiado y me mimo demasiado poco. Me pido cosas que quizás no soy capaz de conseguir, y por ello me machaco y me lo achaco.

La oscuridad me obnubila de todo bien que me ocurre, solo por dos o tres gotitas de ella que impregnan el color blanco de todo lo bueno.

Si bien es verdad, tengo la cabeza llena de cosas, dudas, complejos, sentimientos y miedos. Y no, no me dejan ver más allá. Mi cara refleja la pena, sin apenas dejar entrever la niña que antaño fui, tan feliz y viva.

Intento que salgan. De verdad que los quiero fuera, porque me quiero fuerte y, sobre todo, quiero quererme, para querer.

Tengo un acto reflejo cuando veo a alguien que es, simplemente, compararme. Pero solo cuando pienso que esa persona es increíble, me ataca la siguiente pregunta: ¿por qué yo no soy así?

Siento no merecer la pena, pero tampoco busco darla. Por eso no suelo hablar de mi interior y de mis huracanes mentales, pero los sufro: ataques de rabia, ira, vulnerabilidad, miedo, insuficiencia y agobio.

Es horrible sentir que realmente nadie te necesita, que quizás a muchos les gusta tenerte, pero si no te tienen, tampoco pasa nada.

Sentirte atrezo, un accesorio o complemento, que, si no está, a veces, ni lo recuerdas.

MI OBSESIÓN

Mi obsesión no es con el miedo a perderte, a que te vayas. Mi terror es perder la felicidad que me crea el compartir mi vida contigo es perderme a mí por perderte a ti.

SE ME COMPLICA EL QUERER A CIEGAS

Se me hace duro el intentar darlo todo.
Pruebo sin éxito el volver a ser uno.
Lamento muy dentro que no sea igual.
Me duele en el alma este frío que hiela.
Me rompe en pedazos esta lejanía cercana,
jugando a querernos, sabiendo que cuesta,
sabiendo que es arduo arreglar algo roto,
pegando los añicos de este puzle de dos,
tratando de unirlo para volver a ser uno,
pero contando en el fondo con no lograrlo.
Nos daña día a día el helor de esta falta.
Nos mata saber que no es lo que era,
que no somos lo que éramos.
Simplemente ni somos.
Y es que, a veces,
todo lo que andábamos buscando
se encontraba en el desastre,
y por culpa de entretenernos
con supuestas maravillas,
nos estábamos perdiendo
la verdadera buena riqueza
de las pequeñas cosas,
de las mayores catástrofes.
Mas no debemos preocuparnos,
pues todo lo que es para nosotros
tarde o temprano termina por llegar.
Aunque no lo sepamos,
aunque lo tengamos delante,

y no seamos capaces de verlo.
Al fin y al cabo, lo bueno se hace esperar
y si se hace de rogar tanto,
es porque no será bueno, será mágico.

¿No parece extraño?

¿No parece extraño que, a pesar de que sabemos que lo nuestro será pasajero, apostemos todo lo que tenemos a que será de verdad?

Te aseguro que yo me jugaría una mano por el hecho de que nos vamos a hacer felices.

Me jugaría la otra por garantizar que me dejaría la vida por verte sonreír.

Me juego una pierna por la magia que nos une, y la otra, por lo que nos queda por vivir.

No es nuestro momento. No ahora

Es momento de vivir, momento de explorar opciones, de experimentar, de madurar, de quitarnos las ganas de todo, de probar cosas. Es momento de prepararnos.

Porque este no es nuestro momento, es el de otros, pero el nuestro llegará, porque tarde o temprano, todo vuelve. Pueden pasar meses, años…, pero yo te prometo una cosa: lo que tenga que ser para nosotros lo será, y si no, quedará como un recuerdo, precioso, frágil y feliz, de lo que pudo haber sido y no fue (o será).

SIENTO QUE ESTOY MENDIGANDO AMOR

Que me pierdo a mí por no perderlo a él.

Siento que estoy rogando porque se quede, cuando en realidad él ya se había perdido mucho antes de yo encontrarlo.

De nada sirve atar algo que siempre fue del viento, porque lo único que hará será estar a tu lado, mientras a diario sueña con donde quiere realmente estar.

Me estoy culpando, angustiando y sufriendo por mantener algo qué quizás nunca tuve, porque nunca fue mío.

Quizá tampoco quiso serlo, quizá tampoco quiso nunca un nosotros y quizá es mejor así.

AQUELLO QUE ALGÚN DÍA PENSÉ, PERO NUNCA TE DIJE

Cuando tengas este libro entre tus manos, quizás te acuerdes de mí

Tú, que te has reflejado en cada una de mis letras, que has inspirado cada una de mis palabras que terminaron formando renglones.

Te verás en cada reproche, en cada duda, en cada pero, y en cada quizá, pero donde sobre todo quiero que te veas, como si esto fuese un espejo, es en el título.

Lo que quizá algún día pensé y, finalmente, nunca te dije.

Porque así compuse la rítmica melodía que conforman estos textos, recordando todo lo que fue o pudo haber sido, el amor más idealizado, intenso, pero, a la vez, el más real que nunca tuve.

QUIZÁS SEA MI CULPA

que me acostumbré a tenerlo todo,
sin pedirlo.
Y ahora que todo me falta,
pienso que debo de exigir todo aquello
que en realidad merezco
Y es que algún día será cierto aquello
de que si lo tengo que pedir tantas veces,
quizás ya no lo quiero.

Yo sí que quiero gritarle al mundo que te quiero

Pues, joder, yo sí que quiero gritarle al mundo que te quiero, que todo el mundo vea lo feliz que consigues que esté, deslumbrarles con el brillo que sacas de lo más profundo de mí.

¿Es tan complicado?

No es tan difícil entender que no quiero quererte por dentro, que no me importa lo que hablen. Quiero darte amor en público para después hacértelo en privado.

Y que le jodan al resto. Si lo nuestro es de verdad, ¿por qué ocultarlo?

QUÉ IRONÍA

Qué ironía, que la calma te la de la misma persona a la que le diste el poder de arrebatártela

Y que yo, la misma que pensaba que estaba perdida en la inmensidad de tus ojos, y que, al poner atención a mis latidos, sentí que fue precisamente allí donde menos lo estaba.

Que me vuelvo guerrera para luchar contra todo lo que se presente en nuestra contra, para vencer a los miedos o tratar de darles forma, para aprender de ellos, para aprender de ti.

Quiero que veas en mí un lugar donde huir cuando todo se rompe, y que, a su vez, sea el sitio al que vayas para celebrar todo aquello que te propones.

Quiero ser futuro y pasado, pero sobre todo quiero ser presente, tu día a día, tus noches. Quiero ser, y quiero ser contigo.

Quiero saber dónde te duele para quererte más ahí, aunque déjame decirte que quiero quererte en cada rinconcito del planeta.

Y SI NO HUBIÉSEMOS COINCIDIDO EN ESTA VIDA

Y si no hubiésemos coincidido en esta vida,
te prometo que te habría buscado
en cada lugar de la siguiente.

ME NIEGO A DEJARTE IR

Ni sueñes que voy a dejar que aquello por lo que hemos luchado se desvanezca como si nunca hubiese ocurrido.

Prefiero mil veces tratar de enmendar los errores que se nos vayan dando, para que, al final, nos quede una hermosa historia marcada por los remiendos de dos personas que no se rindieron y lo dieron absolutamente todo, hasta el mismo final.

Lo nuestro nunca será perfecto, porque tú y yo tampoco lo somos.

Es tan difícil enmendar algo con piezas tan resquebrajadas que, a veces, dudo de si realmente esto nos llevará a buen puerto.

Pero luego, cuando te miro, me doy cuenta de que realmente no me importa; que a veces el destino no es la meta, sino el camino, y el camino se construye andando, con pasos más grandes o pequeños, pero con cada paso se produce un avance.

Un millón de vueltas antes de encontrar el rumbo

Aunque des un millón de vueltas antes de encontrar el rumbo que realmente quieres tomar, al final el aprendizaje es el sendero que tú mismo has trazado con cada uno de los pasos que has ido dando, y en este caso este camino lo hacemos juntos.

Aunque a veces nuestros rumbos se separen, ambos sabemos que, si caminamos en sentido opuesto, al final, nos acabaremos encontrando, aunque sea en la otra punta de este puto mundo en el que, por suerte, hemos ido a coincidir.

En este espacio y en este tiempo.

MI CANCIÓN FAVORITA

Al final, sí resultaste ser como mi canción favorita, porque nunca tuve canción favorita.

Pero ¿a ti?

A ti tampoco te tuve.

Nunca fuiste mío, ni yo fui tuya. Nunca fuimos uno, ni siquiera dos, porque siempre hubo alguien que rompía lo par de nuestra ecuación.

No hago nada los findes

No hago nada los findes, nada en concreto…

Pero, joder, cómo recarga las pilas estar, simplemente estar,
con quien quieres estar y donde quieres estar.

Allá, donde no necesitas más.

Nada más.

Nadie más.

NO ME SIENTO CAPAZ DE ESTAR LEJOS DE TI

Te quiero y necesito cerca las 24 horas del día, porque siento que en mi interior falta algo cuando no estás.

Me das tanta paz, la misma que te llevas con cada paso que das en la dirección opuesta a la mía.

Me asusta tanto la intensidad de sentimientos que tengo por ti que me angustia el momento en el que tú te vayas.

No creo ser capaz de lidiar con que aquel que me devolvió la ilusión por amar se lleve consigo aquello que me trajo.

Como el sentimiento incierto de dolor cuando te separas de la persona que quieres; como el echarte de menos al instante de separarme de ti; como la duda de saber si tú sentirás esto que yo siento, y el daño que a mí misma me hago cuando me convenzo de que no.

Y A PESAR DE TODO

A pesar de que no es lo que quiero, te voy a pedir que no vuelvas. Te he pedido mil veces que lo hagas y no lo has hecho.

Quizá sea cuestión de psicología inversa.

O no.

Qué cojones sé yo.

Soy intensa, sí

Perdóname por ser intensa, pero no sé querer a medias. O quiero mucho, o no quiero nada.

Perdón por querer darte hasta lo que no tengo, por querer compartir todo, a veces demasiado, contigo.

Porque te quiero, porque me importas y porque nos quiero, y nos quiero juntos, nos quiero bien.

Te pediré perdón las veces que sea necesario por agobiarte, por invadir a veces tu espacio, porque me preocupo por ti, porque quiero que estés todo lo bien que esté en mi mano.

No sé si eso es bueno, o si es malo.

Pero, por si acaso, lo siento.

CÓMO VA A DOLER EL DÍA QUE DECIDAMOS PERDERNOS

Y eso lo sé cuando me descubro a mí misma mirándote como si contigo lo tuviese todo, observando tus rasgos cuando tu mirada no me apunta, o, aunque lo haga, me fascino a mí misma analizando cada punto de tu rostro como un mapa a un nuevo mundo.

Y supongo que no me asusta, porque es real, y lo real no se fuerza, simplemente nace.

CUANDO ME DESCUBRÍ A MÍ MISMA

Cuando me descubrí a mí misma siendo mi única enemiga, fue cuando decidí dejar de pelear contra el mundo y enfrentarme a todo aquello de mí misma que me rompe los esquemas y me amarga la existencia.

Cuando me encontré a mí misma destruyendo mi hogar con palabras nocivas, el lugar en el que habito, los escombros de lo que algún día fui, el cuerpo que sostiene el alma que define aquello que soy.

Fue entonces aquel día que descubrí que el único tormento que desordenaba cada trozo de mi vida era yo. Solo yo.

ME GUSTA DESPEDIRME

Me gusta despedirme, porque una vez lo hice sin saber que sería la última.

Un día di un abrazo que me gustaría no haber terminado jamás.

Una tarde me despedí sin palabras de unos ojos que no volvería a ver, si no es en recuerdos vacíos.

Alguien me dijo: «¿Para qué despedirnos si vas a volver en un rato?», a lo que mi mente respondió en silencio con otra pregunta: «¿Y si no? ¿Y si ese rato se convierte en nunca?».

Entiendo que hay gente que no ve la necesidad de despedirse «por un rato», pero el arrepentimiento te persigue cuando ese rato se transforma en la eternidad.

TODO POR TI

Ten por seguro que voy a darlo todo por ti, por nosotros, hasta lo que no tengo, hasta el final, si lo hay, sea cual sea.